Bärbel Arndt, Doris Jungblut

Dekorationen aus Holz

Ideen für drinnen und draußen

ENGLISCH VERLAG

Die Deutsche Bibliothek – CIP-Einheitsaufnahme
Dekorationen aus Holz: Ideen für drinnen und draußen / Bärbel Arndt, Doris Jungblut. – Wiesbaden: Englisch, 1996
ISBN 3-8241-0639-6

ISBN 3-8241-0639-6
Fotos Axel Weber
Printed in Spain

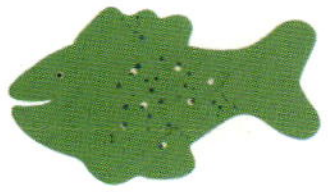

Inhaltsverzeichnis

Vorwort

Hallo, liebe Laubsägefreunde,

Dekoratives aus Holz erfreut sich immer größerer Beliebtheit. Wir haben deshalb für Sie verschiedene Motive ausgesucht, die von Erwachsenen ebenso wie von Kindern gefertigt werden können. Mit den Holzarbeiten lassen sich Wohnräume, Gärten, Blumenkästen und vieles mehr dekorieren. Die Holzarbeiten sind so gestaltet, daß sie ohne große Vorkenntnisse angefertigt werden können. Alle Motive können mit einfachen Werkzeugen hergestellt werden. Zu Anfang dieses Buches werden die Arbeitstechniken beschrieben. Bevor Sie mit dem Sägen beginnen, sollten Sie sich diese Anleitung gut durchlesen, da hier viele wichtige Tips gegeben werden, die das gute Gelingen erleichtern.

Viel Spaß beim Sägen und Dekorieren Ihrer Holzarbeiten wünschen

Bärbel Arndt und Doris Jungblut

Material und Werkzeug

Um Holzarbeiten herzustellen, benötigen Sie folgende Werkzeuge und Materialien:

Werkzeuge:
- Laubsäge
- Sägetischchen
- Schraubzwinge
- Handbohrer
- Schleifklotz (Sandpapier)

Materialien:
- Sperrholz, 4 mm oder 6 mm, je nach Motiv eignen sich auch Reste (Aus Umweltschutzgründen sollten Sie kein Tropenholz, sondern ausschließlich heimisches Pappelholz verwenden.)
- Laubsägeblätter für Holz (feinere Stärke)
- Flachpinsel für den Hobbybereich
- Haarpinsel (verschiedene Stärken)
- Acryl-Buntlack Seidenmatt (wasserverdünnbar)
- Weißleim

Arbeitstechniken

Am sinnvollsten ist es, sich zunächst für das Motiv, das man ausgewählt hat, eine Schablone aus dicker Pappe anzufertigen. Auf dem beigefügten Vorlagebogen finden Sie die Grundformen und Accessoires in Originalgröße.

Legen Sie die Schablone dann möglichst so auf das Holz, daß wenig Abfall entsteht. Nun übertragen Sie den Umriß des Motivs mit Bleistift auf das Sperrholz. Anschließend können Sie mit dem Sägen beginnen.

Laubsägen

Die Laubsäge ist das wichtigste Werkzeug für die Herstellung unserer dekorativen Holzarbeiten. Sie ermöglicht das Aussägen geschwungener Linien, kleiner Rundungen und Details.

Sie sollten mit 4 mm dickem Sperrholz beginnen, mit ein wenig Übung können Sie dann auch leicht die nächste Stärke bearbeiten.
Eine normale Laubsäge, die Sie in jedem Hobby- und Baumarkt erhalten, ist für die hier vorgestellten Holzarbeiten völlig ausreichend.

Für die Laubsäge benötigen Sie verschiedene Sägeblätter:

- Feine Formen mit vielen Ecken und Rundungen werden mit feinen Blättchen gesägt.
- Für weniger aufwendige Formen setzt man gröbere Sägeblätter ein.

Wichtig: Beim Einspannen des Sägeblattes müssen die Zähnchen nach unten und in Sägerichtung zeigen. Normalerweise reicht es aus, die Schrauben an der Säge kräftig mit der Hand oder mit einem speziellen Spannschlüssel anzuziehen. Eine Flachzange sollte nur im Notfall zur Hilfe genommen werden, denn dabei wird häufig das Gewinde überdreht.
Die Laubsäge wird mit der rechten Hand umfaßt. Mit der linken Hand halten Sie das Holzstück auf dem Sägetisch fest und führen es während des Sägens entsprechend nach. Sägen Sie mit leichten Auf- und Ab-Bewegungen senkrecht zur Oberfläche der Holzarbeit. Sägen Sie am Anfang nicht zu schnell, dadurch bleiben die Kanten glatter, und Sie ersparen sich überflüssiges Schmirgeln sowie das unnötige Reißen der Sägeblätter.

Nachdem Sie das Motiv aus Sperrholz ausgesägt haben, beginnen Sie mit dem Schmirgeln. Die gesägten Holzarbeiten haben nämlich in der Regel noch Holzsplitter und rauhe Kanten, die abgeschliffen werden müssen. Zum Schleifen benötigen Sie Schleifpapier, das es in verschiedenen Stärken gibt. Wir benutzen die mittlere Körnung. Wichtig: Schmirgeln Sie nicht nur die Kanten, sondern auch die Oberflächen von beiden Seiten. Verwenden Sie nicht zu große Sandpapierstücke, sondern schneiden Sie sich kleinere, handliche Größen zurecht.
Sollte nach diesen Arbeitsvorgängen dennoch einmal etwas absplittern oder reißen, so können Sie die Stücke mit Weißleim kleben, lassen diesen trocknen und schmirgeln dann nach. Da man nur sehr wenig Weißleim benötigt, reicht eine kleine Tube völlig aus.

Sollte einmal ein größeres Stück abbrechen, so wird der Weißleim auf die zu verbindende Stelle aufgetragen und mit den Fingern auf der gesamten Fläche dünn verteilt. Danach werden die Teile zusammengefügt und mit der Schraubzwinge aneinandergepreßt. Die Holzarbeit wird dabei durch Unterlegen von Abfallstücken vor Druckstellen geschützt. Lassen Sie das Ganze ca. 1 bis 2 Stunden trocknen. Größere Flächen benötigen die doppelte Trockenzeit.

Lackieren

Ihre Arbeitsfläche sollte für das Lackieren ausreichend mit Zeitungspapier abgedeckt sein. Kleinere Arbeiten lackieren Sie mit einem Flachpinsel in Richtung der Maserung, größere Holzflächen lackieren Sie am besten mit einer Schaumstoffrolle.
Nachdem eine Seite Ihres Motivs inklusive der Kante lackiert ist, legen Sie es zum Trocknen auf eine leere Dose oder einen Plastikbecher. Nach einer angemessenen Trockenzeit wird die andere Seite genauso behandelt.
Nach ca. 1 Stunde ist die Lackierung getrocknet, und es muß einmal leicht nachgeschliffen werden. Durch die Feuchtigkeit quillt das Holz nämlich leicht auf, und die Oberfläche wird rauh. Nun lackieren Sie Ihr Werk noch einmal von beiden Seiten sehr sorgfältig und lassen es gut trocknen.

Nach dem 2. Trockenvorgang können Sie mit dem Bemalen beginnen, und dabei Ihrer Phantasie freien Lauf lassen. Alle Farben sind untereinander mischbar, so daß Sie die Motive ganz nach Ihren Vorstellungen gestalten können.

Tiere

1. Bär

Dieser niedliche Bär besteht aus fünf Einzelteilen (Körper, zwei Beine und zwei Arme). Nachdem diese ausgesägt wurden, werden Körper, Arme und Beine nacheinander lackiert. Anschließend malen Sie dem Bären eine blaue Hose mit gelben Tupfen. Wenn alles trocken ist, wird der Bär zusammengeklebt.

Tupfen Sie dafür Holzleim auf die entsprechenden Stellen, und drücken Sie die Teile dann mit den Fingern fest zusammen.

Zum Schluß malen Sie dem Bären die Augen und die Nasenspitze auf; zusätzlich können Sie ihm noch eine Schleife um den Hals binden.

2. Schmetterling

Mit Hilfe des Vorlagebogens fertigen Sie den Schmetterling aus Sperrholz.
Lackieren Sie das Motiv dann in einer Farbe Ihrer Wahl und verzieren es mit Punkten. Diese Holzarbeit eignet sich besonders gut zum Aufhängen. Mit einem Handbohrer können Sie leicht das Loch für den Faden bohren. Aber auch als Blumenstecker sehen ein oder mehrere Schmetterlinge lustig aus.

3. Schweinchen

Mit Hilfe des Vorlagebogens stellen Sie sich eine Schablone mit den Maßen des Schweinchens her. Nachdem der Glücksbringer aus Sperrholz ausgesägt wurde, wird er rosafarben lackiert und bekommt ein schwarzes Auge aufgemalt.

Am Schwänzchen kann zusätzlich noch eine Schleife zur Dekoration befestigt werden.

Als lustige Tischdekoration oder als Glücksbringer wird das Schweinchen sicher viel Freude bereiten.

4. Hühnerhof

Mit Hilfe des Vorlagebogens werden die Schablonen für das abgebildete Federvieh hergestellt. Nach dem Übertragen der Umrisse auf das Sperrholz sägen Sie die Motive aus. Dann werden die Körper lackiert, geschmirgelt und nochmals lackiert. Anschließend werden Kamm, Schnabel und Füße farblich abgesetzt. Ganz nach Geschmack können die Tiere noch zusätzlich mit Punkten verziert werden. Am Küchenfenster werden die Motive zu einem schönen Blickfang von drinnen und draußen.

5. Gänse

Sind Sie Gänse-Fan? Dann sind diese lustigen Tiere genau das Richtige für Ihr Küchenfenster, aber auch als Wandschmuck sehen sie gut aus.

Bitte arbeiten Sie die Gänse genauso, wie die Hähne und die Hühner auf dem „Hühnerhof".

6. Katze

Die aus Sperrholz ausgesägte Katze wird an den Stellen, an denen das Fell weiß sein soll, zweimal weiß lackiert.
Dann lackieren Sie den Rest der Katze schwarz.
Nachdem Sie die schwarze Lackierung zweimal durchgeführt haben, tupfen Sie weißen Lack auf die Übergänge zum schwarzen Fell und ziehen mit einem feinen Haarpinsel einzelne Haare ins schwarze Fell hinein. Anschließend wird das Gesicht bemalt. Zusätzlich können Sie dem Kätzchen am Schwanz noch eine Schleife befestigen. Die niedliche Katze wird gern am Fenster sitzen und auf Ihre Rückkehr warten oder im Garten nach Schmetterlingen Ausschau halten, ganz wie echte Katzen!

7. Marienkäfer

Der niedliche Marienkäfer kann für die Fensterbank oder als Fensterschmuck verwendet werden. Nachdem Sie mit Hilfe des Vorlagebogens den Körper und die Flügel hergestellt haben, werden diese schwarz bzw. rot lackiert.

Wenn alle Teile trocken sind, werden die roten Flügel auf den Körper geklebt und mit schwarzen Punkten bemalt.
Wenn der Käfer aufgehängt werden soll, empfiehlt es sich, auf beiden Seiten Flügel aufzukleben.

8. Hasen

Die bunten Hasen sind eine lustige Osterdekoration für drinnen und draußen.
Übertragen Sie diese einfachen Motive vom Vorlagebogen auf das Holz, und sägen Sie sie aus. Die Bemalung können Sie ganz nach Ihrem Geschmack auswählen, wichtig sind die Augen, die Schnauze und das Innere des einen Ohres, damit ein plastischer Eindruck entsteht.

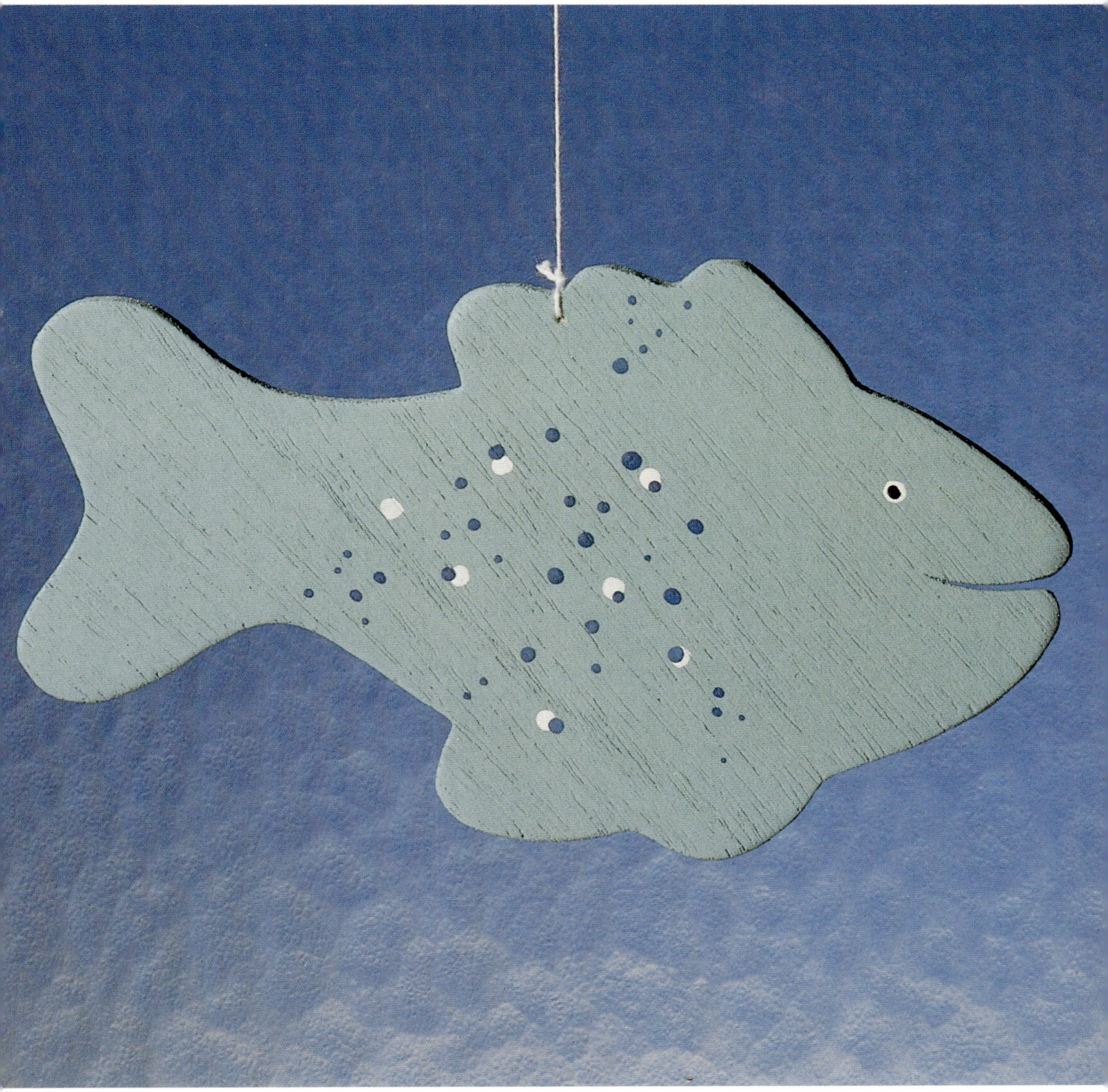

9. Fisch

Eine lustige Dekoration, nicht nur für das Badezimmer, ist dieser Fisch.
Unter „Arbeitstechniken“ ist beschrieben, wie Sie das Motiv herstellen. Statt der Pünktchen können Sie natürlich auch Schuppen auf den Körper aufmalen.

10. Kleiner und großer Pinguin

Sie können auf dem Vorlagebogen zwischen zwei verschieden großen Pinguinen wählen.
Nachdem das Motiv ausgesägt ist, lackieren Sie vom hellsten Farbton zum dunkelsten; zum Beispiel können Sie dem Pinguin einen weißen Bauch, gelbe Füße und Schnabel sowie einen schwarzen Körper malen. Oder aber Sie halten sich nicht an die „Originalfarben“ und gestalten das Motiv ganz nach Ihren Vorstellungen. Zum Schluß werden die Augen aufgemalt, und schon ist ein kleines Mitbringsel oder ein origineller Fensterschmuck fertiggestellt.

Pflanzen

11. Tulpen

Auf dem Vorlagebogen finden Sie die Umrisse für Tulpen in drei verschiedenen Größen. Nachdem Sie die Motive aus Sperrholz ausgesägt haben, lackieren Sie zuerst die Blüten und anschließend die Stengel je zweimal.

Neben der grünen Farbe für die Stengel benötigen Sie Rot, Gelb, Lila oder eine andere Farbe Ihres Geschmacks für die Blüten. Diese Blumen sehen in sandgefüllten Töpfen sehr dekorativ aus. Sie können sie aber auch im Garten in die Erde stecken.

12. Krokus

Die Krokusse arbeiten Sie genauso wie die Tulpen. Die Farben für die Blüten können Sie Ihren Bedürfnissen anpassen: Vielleicht benötigen Sie einen Krokus als Tischdekoration, oder Sie möchten damit ein Fenster schmücken?

13. Äpfel

Diese Äpfel sind eine lustige Dekoration für Ihr Küchenfenster. Arbeiten Sie die Äpfel wie die Tulpen, und malen Sie sie bunt an. Außer roten gibt es auch grüne und gelbe Äpfel.

14. Blütenkranz

Zunächst werden mit Hilfe des Vorlagebogens die einzelnen Motive als Schablonen hergestellt. Die Umrisse werden auf das Sperrholz übertragen und die ca. 25 Einzelteile (je nach Geschmack können es auch mehr oder weniger sein) ausgesägt.
Alle Blätter, Blüten und Schmetterlinge werden geschmirgelt und zweimal lackiert.
Dann zeichnen Sie sich auf einem Stück Papier, das gleichzeitig auch als Unterlage dient, einen Kreis auf. Als Grundform eignet sich zum Beispiel ein großer Teller.
Auf diesen Kreis legen Sie ca. 13 Blätter dicht nebeneinander, auf die Zwischenräume legen Sie als zweite Lage, ganz nach Belieben angeordnet, Blüten, Schmetterlinge und Blätter.
Nun können Sie mit dem Aufeinanderkleben der Einzelteile beginnen.
Die Größe des Kranzes kann auch beliebig anders gestaltet werden.
Wenn der Kleber trocken ist, werden die Blüten, Blätter und Schmetterlinge noch mit Punkten verziert.
Wenn das gelungene Werk aufgehängt werden soll, muß mit dem Handbohrer zusätzlich ein Loch gebohrt werden.
Mit einem dünnen Perlon- oder Baumwollfaden läßt sich das kleine Kunstwerk zum Beispiel dekorativ ans Fenster hängen.

15. Blätterkranz

Mit Hilfe des Vorlagebogens werden die benötigten Blätter als Schablone aus Pappe hergestellt. Diese Schablonen übertragen Sie dann auf das Sperrholz und sägen die Formen aus.
Alle Blätter werden einzeln vorlackiert, geschmirgelt und nachlackiert.
Nach dem Trocknen werden die Blätter im Kreis angeordnet, auf die Zwischenräume wird nun eine zweite Lage Blätter geklebt.
Wenn der Kranz vollständig getrocknet ist, werden die Blätter in einem zweiten Grünton mit einem dicken Pinsel farbig betupft, um ein natürliches Aussehen zu erreichen.
Eine Stoffschleife schmückt den Kranz noch zusätzlich.

16. Kranz mit Holzschleife

Türkranz einmal anders. Dieser Kranz ist genauso schön, aber viel pflegeleichter als die herkömmlichen Kränze aus Frisch- oder Trockenmaterialien. Die Größe des Kranzes ist durch den Vorlagebogen vorgegeben. Die gelbe Schleife wird separat aus Sperrholz gefertigt. Wenn Sie beide Teile ausgesägt haben, wird der Kranz grün lackiert und mit einem dicken Pinsel dann nochmals grün betupft. Dies ergibt einen plastischen Effekt.

Anschließend wird der Kranz mit gelben Punkten oder kleinen Blüten phantasievoll bemalt. Die Schleife wird separat lackiert und nach dem Trocknen auf den Kranz geklebt.

17. Kleiner Kranz

Dieser kleine Kranz eignet sich gut als weihnachtliche Dekoration, als Türkranz für die Puppenstube oder als Serviettenring.
Die Grundform wird aus Sperrholz ausgesägt. Anschließend wird der Ring grün oder in einer Farbe Ihrer Wahl lackiert und nach dem 1. Trockenvorgang nochmals in dieser Farbe betupft. Kleine Punkte oder Blüten in Rot oder einer anderen Farbe schmücken die Holzarbeit. Zusätzlich kann eine zierliche Schleife aus Stoff befestigt werden.

18. Tannenbaum

Dieser schneebedeckte Tannenbaum eignet sich schön als vorweihnachtliche Dekoration am Fenster oder als kleines Mitbringsel. Übertragen Sie die Form vom Vorlagebogen auf das Holz, und sägen Sie sie aus. Bemalen Sie den Baum anschließend mit grüner Farbe, und betupfen Sie ihn nach dem Trocknen nochmals mit Farbe. Wenn auch der 2. Farbauftrag getrocknet ist, tupfen Sie weiße Farbe darüber.

Gute Nacht!

19. Schlafmond

Dieses schöne Motiv fürs Kinderbett oder Kinderzimmerfenster wird mit Hilfe der im Vorlagebogen angegebenen Maße aus Sperrholz hergestellt.

Das Gesicht des Mondes wird anschließend gelb lackiert.
Nachdem alles gut getrocknet ist, wird die Mütze blau aufgemalt. Auf diese werden weiße Punkte getupft und das Mondgesicht um ein schwarzes Auge ergänzt.

Das ausgesägte Sternchen wird ebenfalls blau lackiert. An der Mützenspitze des Mondes und in das Sternchen werden feine Löcher gebohrt und ein Faden gezogen. So baumelt das Sternchen von der Mütze des Mondes herunter.

20. Sternschnuppe

Nachdem das Motiv mit Hilfe des Vorlagebogens hergestellt worden ist, wird zuerst die Sternschnuppe gelb lackiert. Anschließend werden die Lokomotive und die beiden Wagen in Farben Ihrer Wahl bunt angemalt. Nachdem der Lack getrocknet ist, malen Sie die Räder schwarz an.

Die Sternschnuppe ist ebenso wie der Schlafmond ein schönes Motiv für das Kinderzimmer.

21. Lokomotiven

Diese Lokomotiven eignen sich sehr gut als Türschild für das Kinderzimmer, aber auch als Fensterbild oder kleines Mitbringsel. Nachdem das Motiv ausgesägt wurde, wird die Lokomotive farbig lackiert. Anschließend malen Sie die Räder auf und verzieren das Ganze mit Punkten.

22. Mobile

Die Monde, Herzen, Sterne und Tropfen, die Sie hier sehen, können Sie als Mobile zusammenfügen und über das Kinderbett hängen. Als bunter Blickfang im Fenster, einzeln oder mehrere Motive zusammen, sehen diese Arbeiten auch sehr schön aus. Übertragen Sie die Motive vom Vorlagebogen auf das Holz, sägen Sie sie aus, und malen Sie sie bunt an. Die Punkte tragen Sie erst auf, wenn die erste Farbschicht getrocknet ist.

ENGLISCH VERLAG

Bücher für Kreative

ISBN 3-8241-0494-6
Hardcover, 64 Seiten

ISBN 3-8241-0631-0
Broschur, 64 Seiten

ISBN 3-8241-0718-X
Broschur, 32 S., Vorlagebogen

ISBN 3-8241-0696-5
Hardcover, 64 Seiten

ISBN 3-8241-0652-3
Broschur, 32 S., Vorlagebogen

ISBN 3-8241-0596-9
Broschur, 64 Seiten